SELBSTLIEBE LERNEN

Wie Sie Ihre Selbstbeziehung &

Ihr Selbstwertgefühl stärken

PRAXISBUCH ZUR
SELBSTANNAHME

für alle, die eine gesunde Beziehung
mit sich & anderen führen wollen

IST DIPLOM S.-
Gesundheitstrainerin
ALEXANDRA MUTH

Alexandra Muth

ISBN: 9781728710839

INHALT

Einleitung

Wer Selbstliebe nicht bereits in seiner Kindheit gelernt hat, der kann sie ganz einfach „nachholen“. Doch auch diejenigen, die es bereits verinnerlicht haben, sich selbst zu lieben und anzunehmen, sollten sich weiter damit beschäftigen. Denn Selbstliebe kann man auch schnell wieder verlernen, etwa indem man negative Glaubenssätze über sich selbst entwickelt oder die äußere Umwelt hemmend auf einen einwirkt.

In diesem Ratgeber betrachte ich Selbstliebe als Teil der Persönlichkeitsentwicklung, damit Sie nicht nur an theoretischem Wissen über sie dazu gewinnen sondern vor allem aktiv an Ihrer Selbstliebe und Ihrem persönlichen Glück arbeiten können! Deshalb werden Sie von meinem Buch mit vielen praktischen Übungen und Tipps auf Ihrem Weg zu mehr Selbstachtung & Selbstakzeptanz begleitet.

„Eigenliebe ist der Beginn einer lebenslangen Leidenschaft“. *(Oscar Wilde)*

Immer mehr Menschen beschäftigen sich mit ihrer Persönlichkeit und dem Thema Selbstliebe. Das ist in unserer Ellbogengesellschaft auch immer mehr nötig. Nutzen Sie deshalb meine Ratschläge und Erklärungen, die alle auf dem aktuellen Stand der Wissenschaft sind, beruflich wie privat.

Kaum ein Thema ist so facettenreich wie die lebenslange Entwicklung des eigenen Ichs. Sich selbst zu 100% zu lieben ist leichter gesagt als getan. Doch warum fällt es uns eigentlich so schwer, uns selbst zu vertrauen und weshalb wollen wir an uns arbeiten? Sind wir nicht zufrieden mit uns oder fehlt uns etwas? Das muss nicht immer der Fall sein. Viele Menschen suchen gerade in der heutigen, schnelllebigen Zeit nach ihrer inneren Kraft, dem inneren Kind und etwas mehr Ruhe. Und gibt es einen besseren „ruhigen Hafen“, an dem man jederzeit ankommen kann als sich selbst?

Ich behandle gemeinsam mit Ihnen das Thema Selbstliebe in der Partnerschaft, der Familie, im Freundeskreis und in der Arbeit. Wenn Sie Ihre Persönlichkeit stärken, sich selbst verwirklichen und selbstbewusster sein möchten, ist dieses Buch genau das richtige für Sie!

Doch, Vorsicht! Wenn Sie diesen Ratgeber zu Ende lesen, werden Sie sich folgende Fragen beantworten können:

- **Liebe ich mich selbst eigentlich?**
- **Wer bin ich und was will ich?**
- **Was sind meine Stärken und wie kann ich selbstbewusster und glücklicher werden?**
- **Führe ich positive Beziehungen?**

Darüber hinaus verrate ich Ihnen im ersten Bonus-Kapitel das Erfolgsgeheimnis Tina Turners, welche Sie sich zum Beispiel nehmen können! Man lernt am besten von den erfolgreichsten und größten Persönlichkeiten unserer Zeit!

Auch Themen wie die Positive Psychologie und das Positive Denken bleiben nicht unberührt. Denn um seine Selbstliebe und Persönlichkeit zu stärken, gilt es an vielen Schrauben zu drehen. Mein zweites Bonus-Kapitel widmet sich dem Thema Ausstrahlung und bietet Ihnen nützliche Tipps um Ihr Charisma zu verstärken. Dadurch reagiert Ihr Umfeld positiver auf Sie, was einen bestärkt und den Prozess der Selbstakzeptanz beschleunigt. Sie sehen: letztendlich sind viele Faktoren entscheidend für eine gesunde Selbstliebe, weshalb ich mich dazu entschloss Ihnen einen praktischen und interaktiven Rundum-Ratgeber zu schreiben!
Wagen Sie den Schritt und lernen Sie jetzt mithilfe meiner Tipps & Übungen sich selbst mehr zu lieben.

Reisen Sie in Ihr Inneres und kommen gestärkt und größer von diesem Ausflug zurück.

Finden Sie heraus, wer Sie wirklich sind und vor allem, wie Sie sich weiter entwickeln können.

Test: Lieben Sie sich selbst?

Ich habe zehn Fragen für Sie zusammen gestellt zum Einstieg in die Thematik der Selbstliebe. Dabei handelt es sich um die meines Erachtens nach wichtigsten Fragen, die die zentralen Lebensbereiche und Problemstellungen des Menschen abdecken. Dieser Test wird Ihnen aufzeigen inwiefern Sie sich selbst lieben. Er soll Sie allerdings vor allem aufmerksam machen auf mögliche Probleme, die Sie anhand dieses Ratgebers ganz schnell behandeln können. Er ersetzt keinen offiziellen, psychologischen Test beim Arzt sondern dient lediglich einer ungefähren Einstufung des Stands Ihrer momentanen Selbstliebe.

Antworten Sie entweder mit JA oder NEIN.

1. Fühlen Sie sich ohne Ablenkung von außen, z. B. durch Arbeit, einer Partnerschaft oder sonstigem innerlich leer?

2. Sind Sie ungern alleine oder fühlen sich unwohl dabei?

3. Sind Sie anfällig für Süchte, leiden Sie bereits an einer Sucht (Alkohol, Tabletten, Drogen, Sport, Sex, Esssucht usw.) oder an einer Essstörung?

4. Sind Sie sehr vorsichtig und unsicher, wenn Sie auf unbekannte Personen stoßen oder neue Leute kennen lernen?

5. Sind Sie davon überzeugt, dass Sie anderen gegenüber benachteiligt sind?

6. Sind Sie sehr kritisch mit sich selbst, was z. B. Ihre Person, Leistung, Ihr Aussehen angeht?

7. Haben Sie Angst davor verlassen zu werden oder klammern Sie stark in einer Beziehung?

8. Sind Sie in Beziehungen schnell eifersüchtig oder haben das Gefühl, dass Ihr Partner/Ihre Partnerin nicht ganz ehrlich zu Ihnen ist?

9. Fühlen Sie sich angespannt, wenn Sie sich unter Menschen befinden, vor allem dann wenn Sie diesen gefallen wollen (z.B. Ihrem Schwarm)?

10. Haben Sie oft das Gefühl, dass Sie von anderen respektlos behandelt werden?

Test-Auswertung:

Jede Frage, die Sie mit JA beantwortet haben, deutet auf mangelnde Selbstliebe hin. Ziehen Sie für jede Frage, die Sie bejahen, 10% von 100% an Selbstliebe ab. Heraus kommt dann die Prozentzahl, zu der Sie sich selbst lieben. Umso höher die Zahl ist, desto mehr lieben Sie sich. Die Prozentzahl drückt somit den ungefähren Stand Ihrer Selbstliebe aus.

Achten Sie allerdings vielmehr auf die Fragen an sich anstelle des Prozentbetrags, die Sie mit JA beantworten. Denn anhand dieser erkennen Sie, in welchen Lebensbereichen Ihre aktuellen Probleme liegen.

Selbstliebe in zwischenmenschlichen Beziehungen

Oft fällt es uns Menschen schwerer uns selbst zu lieben als andere. Wer sich selbst allerdings nicht liebt, wird sich auf Dauer schwer tun eine glückliche Beziehung zu führen. Selbstliebe ist eine Grundvoraussetzung für eine erfolgreiche Partnerschaft, deshalb hat sie eine große Bedeutung in der Beziehung. Allein Sie selbst entscheiden, ob Sie sich lieben! Sie wissen bereits, dass Sie es lernen können. Arbeiten Sie an sich und Ihrer Selbstliebe, denn Sie sind es Wert. Mit Ihrem Partner sollten Sie unbedingt offen darüber sprechen, dass Sie sich entschieden haben, sich selbst mehr zu lieben. Sicherlich wird er/sie Sie darin unterstützen und es gut heißen.

Was einen oft daran hindert, eine gesunde, positive Beziehung zu führen sind mangelnde Liebe zu sich selbst, unterdrückter Selbsthass und Selbstzweifel. Arbeiten Sie zum Einen an Ihrer Selbstliebe – ganz für sich allein. Und arbeiten Sie zum Anderen konkret an Ihrer Beziehung.

Auf diese Art werden Sie eine schnellstmögliche Verbesserung erreichen, natürlich sowohl in einer festen Partnerschaft, in der Familie als auch in freundschaftlichen Beziehungen. Positive Beziehungen führen ist leichter gesagt als getan vor allem, wenn man in alten Mustern fest steckt.

Ein Mensch, der keine positive Beziehung zu sich selbst hat, wird auch keine positive mit einem anderen führen können. So einfach ist das wirklich! Machen Sie sich deshalb bewusst, dass Sie sich zuerst selbst lieben müssen, bevor Sie eine positive Beziehung führen können. Nichtsdestotrotz kann man ja gemeinsam an einer positiven Beziehung arbeiten!

Positive Beziehungen führen mit Freunden, Familie & dem Partner

Analysieren Sie zuerst, welche Beziehungen Sie wie führen.

Welche Beziehungen sind Ihnen wichtig bzw. welche wollen Sie genauer unter die Lupe nehmen?

____

____

____

____

Wie würden Sie diese Beziehungen beschreiben? Als positiv oder negativ?

____

____

____

____

____

____

Wenn Sie sich unsicher sind, machen Sie eine Pro- und Kontra-Liste für jede Beziehung, so sehen Sie am Ende ob sie eher positiv oder negativ ist.

Beispiel: eine Beziehung ist dann positiv, wenn man sich gegenseitig bestärkt. Nehmen Sie einen neuen Job an und der andere macht Ihnen Mut, ist dies positiv.#´

Negativ ist eine Beziehung, wenn die andere Person Sie (oft unbewusst) herunter macht, Ihre neuen Vorhaben ins Lächerliche zieht oder Ihnen den Mut nimmt. Auch ein ständiger Austausch darüber, wie schlecht es Ihnen beiden geht oder wie schlimm die Gesamtsituation ist, passiert nur bei einer negativen Beziehung. So etwas wird Sie auf Dauer runterziehen. Vor allem ergibt es keinen Sinn, denn wenn man ständig über etwas Negatives spricht, wird sich rein gar nichts ändern sondern alles nur schlimmer. Arbeiten Sie deshalb unbedingt an diesen Mustern, sollten Sie sie bei sich erkennen! Wenn Sie erst analysiert haben, ob eine Beziehung positiv oder negativ ist, gehen Sie einen Schritt weiter. Entscheiden Sie sich, ob Sie die Beziehung retten möchten oder lieber beenden. Sprechen Sie mit der Person und finden Sie eine gemeinsame Lösung. Insofern die andere Person bereit ist, die negative in eine positive Beziehung zu verwandeln, ist es Ihnen auch möglich. Andernfalls wird es nahezu unmöglich etwas zum Positiven zu ändern.

Was haben Sie mit der anderen Person Schönes gemeinsam?

Listen Sie hier alles auf, was Ihnen einfällt. Auch gemeinsame Interessen oder Hobbys gehören zu den Gemeinsamkeiten.

Tipps für eine gesunde Beziehung

In diesem Kapitel verrate ich Ihnen die wichtigsten Tipps, damit Sie wissen, wie man gesunde Beziehungen eingehen und führen kann.

TIPP 1:

Ich rate Ihnen zu Vorsicht bei negativen Menschen, die stehen geblieben sind und nicht mit Ihnen weiter gehen möchten.

Überlegen Sie sich gut, ob eine Trennung nicht sinnvoller wäre, bevor sie Sie aufhalten in Ihr neues und leichtes Leben einzutauchen. …Machen SIE nicht Schluss mit solchen Menschen, erledigt es meist die Zeit, zumindest wenn Sie innerlich so weit sind.

Es werden passende Menschen kommen und gehen… je nachdem, wo SIE SICH in Ihrem Leben befinden und wie Sie selbst sind.

TIPP 2:

Suchen Sie sich neue Freunde, die ebenfalls an ihrer Persönlichkeit arbeiten und optimistisch sind.

Vergessen Sie nicht, dass Pessimismus genauso ansteckend ist wie eine Grippe.

TIPP 3:

Notieren Sie, was Sie beide Nettes zusammen unternehmen können, über welche gemeinsamen Interessen Sie sich unterhalten könnten usw. Dazu können Sie Ihre Notizen zu Hilfe nehmen, die Sie auf der vorherigen Seite über schöne Gemeinsamkeiten mit der bestimmten Person gemacht haben.

Das wird Ihnen helfen, Ihre Beziehung positiver zu gestalten. Planen Sie bewusst solche positiven Unternehmungen ein. Ich empfehle Ihnen sich jede Woche mindestens ein Mal etwas vorzunehmen, was Ihnen gleichermaßen Freude bereitet und Sie neu aufblühen lässt. Vielleicht schauen Sie sich auch nur eine Komödie gemeinsam an? Zusammen zu lachen ist oft die beste Medizin.

Selbstliebe in der Arbeit

Selbstliebe in der Arbeit ist zum Einen entscheidend dafür, ob Sie produktiv arbeiten und Erfolg haben. Zum Anderen spielt Selbstliebe eine Rolle, weil Sie vor allem im Beruf auf sich ACHT geben und sich nicht selbst überfordern sollten oder von anderen ausnutzen lassen.

Da nur derjenige, wer sich selbst liebt entsprechend Acht auf sich gibt, ist Selbstliebe im Job von einer zentralen Bedeutung für Sie. Keiner möchte, dass Sie sich überarbeiten, auch nicht Ihr Chef kann das wollen, wenn er vernünftig ist. Denn Überlastung hat früher oder später ein Burn-out-Syndrom oder Depressionen und körperliche Symptome zur Folge. Es ist also für Betrieb UND den Angestellten klüger, man macht STOPP bevor es zu spät ist und man dann ganz in der Arbeit ausfällt. Haben Sie also kein schlechtes Gewissen, wenn Sie sich mal eine Auszeit vom Job nehmen. Jeder Mensch braucht Pausen, denn wir sind keine Maschinen, die immer gleich gut funktionieren.

Hinzu kommt, dass Sie je nachdem welchen Beruf Sie ausüben mit Kollegen/innen zusammen treffen. Bestimmt haben Sie schon die ein oder andere Freundschaft mit einem Arbeitskollegin/einer Arbeitskollegin getroffen, aber es gibt auch solche, vor denen man aufpassen sollte. Hier spielt es wieder eine Rolle, dass Sie sich selbst lieben und selbstbewusst sind. Sagen Sie NEIN, wenn Sie NEIN meinen. Lassen Sie sich nicht ausnutzen etwa wenn ein/e Kollege/in Ihnen zusätzlich seine/ihre Arbeit aufbürden will. Glauben Sie mir, Menschen und vor allem solche, die es darauf abzielen irgendwelche Vorteile auf Kosten anderer zu ergattern, erkennen ganz schnell, wer sich ausnutzen lässt und wer nicht. Wenn Sie Selbstliebe lernen, wirkt es sich automatisch positiv auf Ihre Arbeit aus! Was Sie konkret im Berufsalltag umsetzen sollten, ist ein selbstbewusstes Auftreten. Vor allem durch die richtige Körpersprache signalisieren Sie dies!

Beachten Sie folgende Tipps

- Stehen Sie hüftbreit da und knicken Sie nicht in der Körpermitte ein

- Nehmen Sie die Schultern locker zurück und schauen Sie gerade aus

- Stellen Sie viele Fragen bzw. Gegenfragen, denn wer fragt, der führt

- Tragen Sie eine angemessene Kleidung, in der Sie sich vor allem wohl fühlen

- Betreten Sie einen Raum weder zögerlich noch stürmisch, aber wenn Sie durch eine Tür gehen, treten Sie in den neuen Raum immer gleich ganz ein

Übung für mehr Selbstliebe während der Arbeit

Protokollieren Sie einen Tag lang stichpunktartig, was Sie alles für Arbeiten machen. Wichtig dabei ist, dass Sie sich alles so notieren, dass Sie sich später daran erinnern können. Widmen Sie sich dann zuhause diesem Protokoll eines zufälligen und durchschnittlichen Arbeitstages und durchleuchten Ihre Tätigkeiten.

Beantworten Sie dabei folgende Fragen (bitte ehrlich zu sich selbst sein):

- Warum habe ich das gemacht? Diente es meinen eigenen Zielen?
- Habe ich damit jemand anderem einen Gefallen getan? Wofür denn und weshalb? Was habe ich davon gehabt, bekam oder bekomme ich eine Gegenleistung?
- Habe ich etwas davon getan als Reaktion auf eine negative Sache?
- Habe ich etwas davon getan, weil ich musste? Weshalb muss ich das tun? Und was wäre passiert, wenn ich das nicht getan hätte?

Auf diese Art analysieren Sie Ihre Arbeitsweise, nicht nur auf Produktivität sondern vor allem hinsichtlich Ihrer Selbstliebe. So vermeiden Sie, irgendwelche Dinge zu tun, die Sie nicht weiter bringen oder die Ihnen nur aufgebrummt wurden.

Einfache & effektive Übungen zur Selbstliebe

Seien Sie weniger kritisch mit sich! Stellen Sie sich vor, Sie wären eine andere Person, die Sie sehr mögen. Nehmen Sie sich dafür Zeit und malen Sie es in Ihrer Fantasie bildhaft aus. Sie gehen also gedanklich „aus sich heraus“ und betrachten sich, als wären Sie jemand anderes.

Begegnen Sie sich mit Wohlwollen. Mit dieser anderen Person wären Sie sicher nicht so kritisch wie mit sich selbst oder? Lieben Sie sich bedingungslos wie die Mutter ihr Kind. Dies gelingt vor allem, wenn Sie bereits selbst ein Kind haben. Mit Sicherheit lieben Sie es über alles und wenn es auch mal Fehler macht oder nicht auf Sie hört, würde das niemals etwas an Ihrer Liebe zu ihm ändern. Nicht wahr? Also stellen Sie sich einfach mal vor, Sie wären Ihr eigenes Kind! Denn jeder trägt sein eigenes, inneres Kind mit sich.

Selbstliebe ist von nichts und niemandem abhängig! Hören Sie auf damit, es von etwas abhängig zu machen, sich selbst zu lieben. Sie müssen nichts schaffen oder erreichen um sich selbst lieben zu können. Gar nichts! Sie lieben sich einfach nur, weil Sie sind.

Wenn Ihnen dieser Gedanke sehr abstrakt vorkommt, dann üben Sie sich in ihm. Wir sind alle auf dieser Welt um geliebt zu werden. Leider ist unsere Gesellschaft sehr oberflächlich und alles was zählt, ist Leistung.

Distanzieren Sie sich von dieser Einstellung, denn jedes Lebewesen ist liebenswert. Außerdem ist nicht jeder gleich leistungsfähig. Die Stärkeren unterstützen die Schwächeren, so gehört es sich. Und keiner ist besser oder schlechter deswegen!

Stehen Sie zu sich selbst! Setzen Sie sich mit Dingen auseinander, die Sie oder andere nicht an Ihnen mögen. Schreiben Sie es auf. Lernen Sie dies anzunehmen an sich oder wenn möglich, ändern Sie es mit der Zeit.

Dazu zu stehen lernen Sie indem Sie sich bewusst machen, dass wirklich jeder Mensch Dinge an sich hat, die er oder andere nicht leiden können. Das ist ganz normal!

Lassen Sie das nicht an sich heran, JEDER hat Makel und die eigenen findet man immer „am schlimmsten“!

Verzeihen Sie sich selbst! Finden Sie heraus ob es Dinge gibt, die Sie sich selbst nicht verzeihen können. Oft lösen diese einen versteckten Groll in Ihnen aus und machen Sie außerdem auch unfähig anderen zu vergeben. Befreien Sie sich von diesem Groll, damit Sie sich wieder voll und ganz lieben können!

Nehmen Sie sich Zeit und schreiben Sie alles auf, was Sie sich selbst nicht verzeihen können. Setzen Sie sich damit auseinander, z. B. indem Sie die Dinge laut aussprechen („ich habe den Fehler... gemacht, den ich mir nicht verzeihen kann"). Entschuldigen Sie sich dafür bei sich selbst („es tut mir leid, dass ich...").

Wenn Sie soweit sind, sprechen Sie ebenfalls laut aus: „Ich verzeihe mir, dass ich den Fehler... begangen habe". Dieses Aussprechen sorgt dafür, dass Sie ungelöste Konflikte mit und in sich selbst verarbeiten. Außerdem bewirkt allein das laute Aussprechen, dass Sie sich tatsächlich mehr und mehr selbst vergeben. Wahrscheinlich werden Sie sofort eine Erleichterung spüren.

Es ist allerdings möglich, dass es länger dauert, bis Sie sich voll und ganz verziehen haben.

Selbstwert & eigene Lebenswerte bewusst machen

Selbstwert bzw. Selbstwertgefühl: Das Selbstwertgefühl offenbart, was eine Person sich selbst WERT ist.

Jemand mit einem gut ausgeprägten Selbstwertgefühl schätzt sich selbst als einen wertvollen Menschen ein. Es erfolgt sozusagen eine positive Beurteilung hinsichtlich des Selbstwerts über sich selbst. Dabei beurteilt der Mensch seinen eigenen Charakter, seine Fähigkeiten und auch seine Taten oder Erlebnisse in der Vergangenheit. Das Selbstwertgefühl ist entweder ein großes oder kleines, stabil oder instabil.

Die eigenen Lebenswerte

Viele Menschen sind sich ihrer eigenen Lebenswerte gar nicht bewusst und wundern sich dann, wenn sie nicht richtig glücklich sind. Auch die eigenen Bedürfnisse werden oft zurück geschraubt mit der Folge, dass Partnerschaften und Ehen scheitern und man unzufrieden ist.

Nehmen Sie sich deshalb die Zeit und überlegen sich genau, welche Wertvorstellungen Sie vertreten. Schreiben Sie in einem ruhigen Moment mit angenehmer Atmosphäre alle Werte auf. Ich empfehle Ihnen dabei, völlig allein zu sein. Die Werte, die Ihnen wichtig sind, versehen Sie im Anschluss mit Gewichtungsfaktoren, das sind Zahlen von 1-10. Die Zahl 1 steht für weniger wichtig, die Zahl 5 für mittelmäßig wichtig und die Zahl 10 für sehr wichtig.

Im Folgenden habe ich ein paar beispielhafte Werte für Sie aufgelistet. Sie können jedoch aufschreiben, was Ihnen einfällt und alles, was für Sie wichtig ist im Leben!

Liebe
Reisen
Beziehung
Familie
Kinder
Freundschaft
Freiheit
Treue
Sex
Vertrauen
Zärtlichkeit
beruflicher Erfolg
Geld
materieller Reichtum
Ruhm
Freizeit
Sport
Ehrlichkeit
Beliebtheit
ein eigenes Haus
Leidenschaft
Inspiration
Zeit mit Ihrem Liebsten
romantische Momente
Zeit für sich selbst
Selbsterkenntnis
Selbstverwirklichung
Selbstoptimierung
Glaube
usw.

Wenn Sie Ihre Werte erst definiert haben, können Sie auch dementsprechend leben! Vernachlässigen Sie sich selbst und Ihre Wünsche nicht länger, denn dann wird es Ihnen nicht nur schwer fallen sich selbst sondern auch andere zu lieben. Haben Sie Ihre Wertvorstellungen inklusive der Priorität klar definiert, hat das viele Vorteile. Zum Einen wissen Sie, was Sie vom Leben wollen und können so für ein angenehmes und erfülltes Leben sorgen. Zum Anderen können Sie Ihre Werte zum Beispiel mit denen Ihres Lebenspartners/Ihrer Lebenspartnerin abgleichen oder mit denen Ihrer Freunde. Natürlich sind nicht alle Werte gleichermaßen wichtig für Freunde, Familie und Partner/in. Auch hier können Sie differenzieren und einzelne Listen anlegen. Schreiben Sie sich entsprechende Werte auf, die differenziert betrachtet zum Einen für Freundschaften und zum Anderen für Partnerschaften usw. wichtig sind für Sie.

Aus diesen Werten oder Wünschen und Träumen ergeben sich Ihre Ziele. Betrachten Sie Ihre Werte genauer und definieren Sie sich passende Ziele zu den wichtigsten Werten. Ist es Ihnen wichtig, ein eigenes Haus zu bauen in Ihrem Leben, könnte ein passendes Teil-Ziel ein Bausparvertrag sein oder jeden Monat 500 Euro auf die Seite zu legen. In diesem Fall ist der Hausbau an sich das Endziel. Hat der Wert Familie für Sie eine hohe Bedeutung, könnten Sie sich zum Ziel machen einen geeigneten Partner/eine geeignete Partnerin zu finden oder aber mehr Zeit für die eigene Familie zu schaffen.

Selbstakzeptanz & Selbstachtung

„Unter den Menschen gibt es viel mehr Kopien als Originale". *(Pablo Picasso)*

Möchten Sie eine langweilige Kopie sein oder von nun an voll und ganz zu sich selber und Ihrer Einzigartigkeit stehen?

Selbstakzeptanz…

meint nichts anderes als sich selbst anzunehmen. Dabei sollte man auch seine Fehler und Makel akzeptieren. Innere wie äußere Werte oder die eigenen Taten in der Vergangenheit sollten angenommen werden. Um sich lieben oder verändern zu können, führt kein Weg an der Selbstakzeptanz vorbei. Erst wenn Sie sich akzeptieren wie Sie sind, können Sie sich lieben lernen oder an Ihrem Charakter arbeiten. Natürlich gelingt dies nicht von heute auf morgen.

Entscheiden Sie sich jeden einzelnen Tag dafür, sich selbst zu lieben! Bei dem einen klappt es schneller, bei dem anderen langsamer. Geduld ist also oberstes Gebot. Außerdem möchte ich anmerken, dass jeder Mensch ständig an seiner Selbstliebe arbeiten sollte. Denn wie bereits am Anfang erläutert, kann diese auch wieder „verlernt“ werden.

Vergessen Sie alle Ideale, die Ihnen eingetrichtert wurden über den „perfekten Menschen“! Man muss nicht ewig jugendlich, sexy, super-erfolgreich oder reich sein, um sich anzunehmen und lieben zu können. Wir sind alle nur ganz normale Menschen mit unterschiedlichen Gaben und Segen. Wenn Sie sich weiterhin mit anderen vergleichen, wird es Ihnen erheblich schwer fallen sich selbst zu akzeptieren SO WIE SIE SIND.

Schwimmen Sie nicht mit der Masse, nur weil es alle so machen. Lassen Sie zu, wer Sie wirklich sind. Fangen Sie langsam damit an auf Ihr Inneres und Ihr Herz zu hören, egal was andere sagen oder darüber denken. Behalten Sie diesen Prozess einfach für sich.

Ich habe im Folgenden drei Fragen für Sie aufgelistet, die Sie bitte in aller Ruhe und ganz für sich allein beantworten.

Was können Sie nicht an sich akzeptieren?

Warum können Sie dies nicht an sich akzeptieren?

Was müssten Sie an sich oder Ihrem Umfeld ändern um diese Dinge an sich selbst akzeptieren zu können?

Machen Sie sich bei dieser Frage Gedanken um mögliche Lösungen. Liegt das Problem bei der Selbstakzeptanz zum Beispiel an Ihrer inneren Haltung, dann entscheiden Sie sich einfach diese zu ändern! Liegt es zum Beispiel an einem bestimmten Menschen, der stark auf Sie einredet, Sie seien nicht gut genug, dann überlegen Sie sich, ob es möglich wäre, diesen Menschen vom Gegenteil zu überzeugen um eine gesunde Beziehung mit ihm führen zu können ODER ob es nicht besser wäre sich von diesem Menschen zu trennen.

Selbstachtung

…beschreibt die Achtung, die Sie vor sich selbst haben. Sie sollten genau so auf sich Acht geben wie Sie es bei einem kleinen Kind täten. Wenn Ihnen etwas nicht gut tut, lassen Sie es. Wenn Ihnen etwas gefällt, tun Sie es öfters! Selbstachtung bedeutet auch, dass Sie nicht über Ihre Grenzen gehen und sich von niemandem überreden lassen, Dinge zu tun, die Sie nicht wollen.

Sie können Ihre Selbstachtung einschätzen indem Sie folgende Fragen mit JA oder NEIN beantworten. Umso mehr Fragen Sie mit JA beantworten, desto geringer ist Ihre Selbstachtung. Bitte werten Sie dies nicht als negativ, denn wie auch das Selbstbewusstsein oder das Autofahren wurde die Selbstachtung ANGELERNT.

Geben Sie sich keine Schuld dafür, wenn Sie derzeit eher gering ausfällt. Sie können Sie ganz leicht wieder finden, alles was Sie dazu brauchen ist Ihr Wille!

- **Frage 1: Mache ich oft Dinge anderen zu Liebe, die ich eigentlich nicht machen will?**

- **Frage 2: Mache ich mich oft schlecht vor anderen Personen, weil ich nicht als „Angeber/in“ da stehen will?**

- **Frage 3: Überarbeite ich mich oft, obwohl ich längst an meine Grenzen gekommen bin?**

- **Frage 4: Kann ich schlecht NEIN sagen und opfere mich dann lieber auf bevor ich die Bitte der anderen abschlage?**

- **Frage 5: Lege ich mehr Wert darauf, dass es anderen gut geht als mir?**

Mit der Beantwortung dieser Fragen finden Sie heraus, woran es bei Ihrer Selbstachtung noch scheitert. Ändern Sie dieses spezifische Problem ab sofort. Der wichtigste Schritt dabei ist die Erkenntnis dessen, die Sie hiermit erlangen. Bleiben Sie sich dessen bewusst und handeln Sie von nun an anders!

Die eigenen Gefühle annehmen

Gefühle klingeln nicht an Ihrer Tür und fragen Sie, ob es Ihnen gerade recht ist, sie stürmen einfach herein.

Viele Menschen tun sich schwer Gefühle zuzulassen. Gefühle sind aber sinnvoll und haben immer ihren guten Grund, weshalb sie auftauchen. Wir Menschen sind keine Roboter und dennoch gelten Gefühle im Allgemeinen als „nicht geschickt". Nicht umsonst heißt es „du bist aber cool" (=kalt/gefühllos)… In unserer Gesellschaft und vor allem im Alltag und Job hat man perfekt zu funktionieren wie eine Maschine und da stehen Gefühle im Weg.

Das ist ein Grund, warum wir es verlernen zu fühlen und Probleme haben mit unseren Emotionen umzugehen. Lernen Sie mit folgenden Tipps und folgender Übung wie Sie Gefühle ab sofort zulassen können.

Tipps um besser mit Emotionen umzugehen

- Verdrängen Sie Ihre Gefühle nicht sondern lassen Sie alle zu. Dann analysieren Sie sie und überlegen sich, woher diese Gefühle kommen.

- Bewerten Sie Ihre Gefühle nicht. Wenn Sie zum Beispiel wütend sind, dann ärgern Sie sich nicht darüber und bewerten sich nicht als schlechten, ungeduldigen Menschen. Bleiben Sie neutral, egal welches Gefühl in Ihnen aufkommt.

- Differenzieren Sie Ihr Selbst von Ihren Gefühlen. Dadurch lassen Sie sich nicht von ihnen einnehmen. Sagen Sie sich nicht „ich bin traurig“ sondern „etwas in mir ist traurig“. Sie werden somit zum Beobachter Ihrer eigenen Gefühle und können diese besser verstehen und steuern beziehungsweise verändern.

- Ändern Sie Ihre Emotionen. Wenn Sie traurig oder niedergeschlagen sind, können Sie diese Gefühle ganz einfach verwandeln. Dazu müssen Sie nur eine Gewinner-Pose einnehmen. Stellen Sie sich aufrecht hin und halten Sie Ihre Arme hoch in die Luft wie bei einem Sieg! Nicht nur Gefühle wirken sich auf Ihren Körper aus sondern auch Ihre Körperhaltung auf Ihre Emotionen! Wenn Sie zum Beispiel weinen möchten, nehmen Sie automatisch eine geduckte Körperhaltung ein. Versuchen Sie mal mit einem leichten Lächeln – wenn auch einem erzwungenen – zu weinen! Oder mit einer aufrechten Körperhaltung und offenen, ausgestreckten Armen wie ein Sieger! Da ist so gut wie unmöglich, da Körper und

Gehirn bzw. Gefühle eng miteinander verknüpft sind.

- Lächeln Sie oder lachen Sie laut bei negativen Emotionen. Das verwandelt schlechte in gute Laune.

Übung um Gefühle leichter zuzulassen

Mit dieser Übung lernen Sie, Gefühle leichter anzunehmen. Notieren Sie ein Gefühl, das Sie öfters plagt und das Sie nur schwer akzeptieren können. Dann erläutern Sie, wann dieses Gefühl in Ihnen aufkommt, was es genau mit Ihnen anstellt, was es bewirkt und wie Sie dabei über sich und diese Emotion denken. Treten auch körperliche Symptome auf wie zum Beispiel ein starkes Schwitzen oder Herzrasen? Schreiben Sie es sich mit auf.

Wie Sie selbstbewusster werden

Selbstbewusstsein bedeutet, dass sich ein Mensch seiner selbst bewusst ist bzw. sich selbst erkennt. Es entwickelt sich durch Erfahrungen, die ein Mensch macht. Aber auch das eigene Erleben spielt dabei eine Rolle. Denn Dinge müssen erst von einem selbst gewertet werden, ehe sie sich auf das Selbstbewusstsein auswirken können. Im Folgenden finden Sie nützliche Tipps wie Sie in Kürze Ihr Selbstbewusstsein stärken können.

Ich schau´ dir in die Augen, Kleines!

Sehen Sie anderen Menschen in die Augen. Dadurch wirken Sie nicht nur selbstbewusster sondern werden es auch tatsächlich! Personen mit wenig Selbstbewusstsein haben oft Schwierigkeiten damit, anderen in die Augen zu sehen.

Selbst-Belohnung

Belohnen Sie sich für alles, was Sie geschafft haben. Bitte vergleichen Sie sich dabei nicht mit anderen („andere machen das doch mit links“) sondern betrachten Sie allein Ihre eigene Leistung. Für Sie mag es schwierig sein und Sie haben es dennoch geschafft! Sie allein wissen, wie es ist, Sie selbst zu sein und wie schwierig so manches vielleicht für Sie war. Wie Sie sich selbst belohnen, entscheiden Sie. Gehen Sie gern essen, dann laden Sie sich selbst doch ganz allein in ein feines Restaurant ein und genießen die Zeit. Oder kaufen Sie sich etwas Hübsches.

Vielleicht klänge ein kleiner Urlaub auch ganz gut oder eine Auszeit am See im Nachbarort?

Bewusst atmen für mehr Selbstbewusstsein

Leider atmen viele Menschen in der heutigen, hektischen Zeit zu flach und zu schnell.

Atmen Sie bewusster… und Sie werden selbstbewusster! Der Atem wirkt sich auf den gesamten Körper und somit auch auf die Körpersprache aus. Menschen die flach atmen, wirken unsicherer und sind es meist auch. Sicherlich ist Ihnen bekannt, dass nicht nur Ihre Gefühle Ihre Körpersprache bestimmen sondern auch umgekehrt – dass Ihr Körper Einfluss auf Ihre Emotionen und Ihr Befinden hat! Das bedeutet einerseits, dass Sie, wenn Sie sich traurig fühlen und negative Gedanken hegen, die entsprechende eingeknickte Körperhaltung einnehmen werden. (Ihre Gefühle haben Einfluss auf Ihre Körperhaltung und sind sozusagen ablesbar aus dieser). Andererseits bedeutet es, dass Sie, wenn Sie ein (anfangs) gekünsteltes Lächeln aufsetzen, sich nach kurzer Zeit tatsächlich besser fühlen und fröhlicher werden. (Auch Ihre Körpersprache beeinflusst Ihre

Emotionen, so können Sie den Spieß ganz einfach umdrehen).

Genauso könnten Sie in einer Situation, in der es Ihnen schlecht geht, die Arme heben, die Brust raus strecken und eine Sieger-Pose einnehmen. Das Ergebnis wird sein, dass es Ihnen sofort besser gehen wird! Denn das Gehirn verknüpft diese positive Körperhaltung automatisch mit positiven Gefühlen. So machen Sie den negativen Emotionen den Gar aus.

Falls Sie bisher noch nicht davon wussten, machen Sie JETZT davon Gebrauch und nutzen diese Erkenntnis für sich! Da der Atem eine körperliche Funktion ist, wird er sich entsprechend auf Ihre Befindlichkeit auswirken. Ist man nervös oder ängstlich, atmet man flach und schnell. Ist man entspannt, fließt der Atem langsamer und tief. Eine tiefe Atmung sorgt für die nötige Erdung, für Stabilität der Psyche und steht für Stärke und Selbstbewusstsein. Wenn Sie langsam und tief atmen, egal wie unangenehm oder hektisch der Moment sein mag, wirken Sie alleine deshalb selbstbewusster auf andere (und sind es tatsächlich auch).

Ich habe zwei meiner Lieblings-Atemübungen für Sie ausgewählt, die Sie täglich durchführen sollten. Bereits nach ein paar Wochen werden Sie eine deutliche Verbesserung Ihrer Atmung verspüren. Dadurch werden Sie gelassener und stabiler sein.

Die erste Übung ist für Anfänger gut geeignet. Die zweite Übung empfehle ich eher Personen, die bereits mit Atemübungen vertraut sind, denn sie beinhaltet mehrere Übungen in Einem und wirkt sich intensiver auf den menschlichen Körper aus.

Atemübung für Anfänger

Setzen oder legen Sie sich hin. Sorgen Sie für eine angenehme Atmosphäre ohne Störfaktoren. Dann atmen Sie ganz bewusst möglichst lange ein und aus. Dabei zählen Sie die Sekunden. Mit der Zeit steigern Sie die Länge Ihres Ein- und Aus-Atems.

Haben Sie aber Geduld, denn dies kann einige Zeit in Anspruch nehmen und wird wahrscheinlich nicht gleich beim zweiten Versuch klappen. So sorgen Sie ganz einfach für einen tieferen und bewussteren Atem.

Atemübung für Fortgeschrittene zur Vollatmung

Am Anfang nehmen Sie einen tiefen Atemzug, dann starten Sie mit der eigentlichen Atem-Übung:

1. Die Bauch-Atmung

Legen Sie beide Hände auf Ihren Bauch, ungefähr auf der Höhe Ihres Nabels. Dann atmen Sie drei Mal tief in Ihren Bauch ein und fühlen Sie, wie sich dabei Ihre Hände heben und wieder senken.

Spüren Sie jede Bewegung und jedes Gefühl ganz deutlich und nehmen Sie dies ganz genau und aufmerksam wahr.

2. Die Flanken-Atmung

Nun legen Sie Ihre Hände auf Ihre Flanken, links und rechts und fokussieren Ihre Aufmerksamkeit auf diesen

Bereich. Atmen Sie ganz tief in Ihre Flanken ein und spüren Sie, wie sich Ihre Hände gemeinsam mit Ihren Flanken stark anheben und beim Ausatmen wieder tief senken.

3. Die Brust-Atmung

Bei der Brust-Atmung legen Sie Ihre Hände auf Ihre Brust. Ihre Fingerspitzen sollten dabei auf Höhe Ihres Schlüsselbeins liegen. Jetzt nehmen Sie einen tiefen Atemzug ein und spüren, wie sich Ihre Schlüsselbeine beim Einatmen mit anheben und beim Ausatmen wieder senken.

Spüren Sie dabei, wie Ihr Atem ganz tief in die Lunge fließt, bis hin zu den letzten Verästungen der Bronchien.

4. Die Voll-Atmung

Bei der Voll-Atmung führen Sie alle drei Übungen, die der Bauch-, Brust- und Flanken-Atmung hintereinander durch. Sie atmen zuerst in Ihren Bauch, dann in Ihre Flanken und schließlich in Ihre Brust. Gehen Sie dabei genau wie oben beschrieben vor. Ihr Atem sollte insgesamt und von Übung zu Übung gleichmäßig fließen wie eine Welle. Führen Sie die Voll-Atmung fünf Mal hintereinander durch und spüren Sie genau nach, wie Sie sich hinterher fühlen. Wenn Sie geübt sind, dürfen Sie die Voll-Atmung auch zehn Mal hintereinander durchführen.

Wie Sie Ihr Selbstvertrauen stärken

Selbstvertrauen ist das Vertrauen, das Sie in sich selbst haben. Und zwar in Ihre Person, Ihr Wissen und in Ihre Fähigkeiten.

Kleine Herausforderungen annehmen und meistern

Suchen Sie sich eine kleine Herausforderung oder nehmen Sie eine an, die Sie relativ leicht meistern können.

Wenn Sie das dann geschafft haben, suchen Sie sich eine nächste, die etwas schwieriger zu bewältigen ist. Bitte wählen Sie Dinge aus, die Ihnen auch Spaß machen! Diese kleinen Erfolge werden Ihr Selbstvertrauen stärken. Außerdem trainieren Sie dabei Ihre Fähigkeiten!

Erfolgstagebuch führen

Tagebuch schreiben ist nicht jedermanns Sache. Ich lege es Ihnen allerdings ans Herz (es darf auch ein ganz sachliches Buch sein). Darin halten Sie bitte ab sofort alle Erfolge fest. Egal ob beruflich oder privat. Schreiben Sie alles rein, was Sie irgendwie vollbracht haben und was Ihrer Meinung nach (oder auch der Meinung anderer) erfolgreich gelaufen ist. Man vergisst oft all die Dinge, in denen man gut war und all die Leistungen, die gelungen sind. Im Gedächtnis bleiben viel mehr die Rückschläge. Deshalb das Tagebuch! Selbstverständlich dürfen Sie es sich durchlesen, wenn es Ihnen mal schlecht geht und Sie glauben, etwas nicht schaffen zu können.

Fangen Sie jetzt gleich an! Was hatten Sie heute für Erfolge zu feiern?

Liste schreiben

Führen Sie eine Liste und schreiben Sie alles auf, was Ihnen spontan einfällt, was Sie in Ihrem Leben bisher gemeistert haben. Fragen Sie dazu bitte auch Freunde und Familie. Bestimmt fallen anderen noch Dinge ein, die Sie ganz vergessen haben oder die Sie nicht genügend anerkennen. Die Liste behalten Sie und erweitern Sie wann immer Ihnen etwas Neues einfällt. Lassen Sie keine Kleinigkeit aus (denn vielleicht ist diese Kleinigkeit gar nicht so klein, wie Sie meinen). In schlechten Momenten, in denen Sie sich nichts zutrauen oder Angst haben zu scheitern, schauen Sie sich die Liste an und lesen Sie genüsslich durch!

Persönlichkeitspsychologie

„Ist der Reichtum verloren,

ist nichts verloren;

ist die Gesundheit verloren,

ist etwas verloren;

ist die Persönlichkeit verloren,

ist alles verloren“ ***(deutsches Sprichwort).***

Die Persönlichkeitspsychologie ist als Wissenschaft zu verstehen, die sich mit den einzelnen Merkmalen von Menschen wie individuellen Verhaltensweisen, dem eigenen Erleben und der äußerlichen Erscheinung beschäftigt.

Sie handelt darüber, welche Persönlichkeiten Menschen einer bestimmten Population „normalerweise" haben, die gleichen Alters sind und einer gewissen Kultur angehören (vgl. Asendorpf, J. B.; 2007). Angewandt wird die Persönlichkeitspsychologie im Job oder beim Profiling, wenn z. B. ein Kriminaltäter gesucht wird.

Im beruflichen Kontext kommt sie beispielsweise bei der Mitarbeiterführung, beim Vergleichen von Mitarbeitern oder beim Einstellen von Personal zum Einsatz (vgl. ebd.). Sie können davon ausgehen, dass auch Ihr Chef sich mehr oder weniger mit der Persönlichkeitspsychologie auseinandergesetzt hat, um Mitarbeiter besser einschätzen zu können. Oft wird das Führungspersonal in punkto Persönlichkeitsentwicklung geschult. Nach Asendorpf ist von Persönlichkeitsentwicklung die Rede, wenn sich Eigenschaften der eigenen Persönlichkeit maßgeblich ändern. Doch was ist eigentlich die Persönlichkeit? Diese wird von Asendorpf definiert als die Summe aller Merkmale bzw. Eigenschaften einer Person, auch das eigene Erleben und die regelmäßigen Verhaltensweisen einer Person werden dazu gezählt.

Die Persönlichkeit entwickeln!

Die Persönlichkeit zu entwickeln bedeutet also Veränderungen vorzunehmen und zwar deutliche am eigenen Charakter. Dies ist bei der Persönlichkeitsentwicklung gewollt, man kann sich aber auch ohne Absicht im Laufe des Lebens verändern. Diese Veränderungen richtet dann einfach die Zeit an.

Menschen befinden sich ihr ganzes Leben in einem Entwicklungsprozess, dieser hört nicht auf nur etwa wenn man „erwachsen" geworden ist. Natürlich beginnen im hohen Alter gewisse Abbauprozesse, jedoch besagt die wissenschaftliche Psychologie, dass Menschen sich nicht nur im Kindesalter sondern ein Leben lang entwickeln.

Resultate der Hirnforschung bestätigen ebenfalls die These, dass Menschen sich ein Leben lang entwickeln (vgl. Brandstädter u. a., 2007)! Deshalb ist es jedem jederzeit möglich, sich selbst weiterzuentwickeln, zu verändern und eine stärkere Persönlichkeit zu werden! Ein Bereich, der sich mit der Persönlichkeitspsychologie schneidet, ist die Entwicklungspsychologie.

Sie ist sozusagen ein Teilbereich dieser und setzt sich mit der Entwicklung von Individuen auseinander (vgl. Pinquart u. a., 2011).

Auch die Entwicklungspsychologie spielt eine Rolle bei der Karriere, denn Führungskräfte sind ständig bemüht, ihre Mitarbeiter in ihrer persönlichen wie beruflichen Entwicklung zu unterstützen. So werden zum Beispiel Weiterbildungen angeboten, wenn ein großes Potenzial in einem Mitarbeiter gesehen wird.

Sie sehen also, dass Persönlichkeits- und Entwicklungspsychologie voll im Trend sind und nicht nur im privaten Sinn genutzt werden sondern immer mehr auch in Unternehmen. Es ist wichtig, jeden Menschen einzeln zu betrachten um seine Persönlichkeit bzw. seine Entwicklung zu unterstützen, da jeder ein Individuum ist. Um sich selbst lieben zu lernen, sollten Sie zuerst wissen, wer Sie sind, was Sie ausmacht und wohin Sie möchten. Es tut Ihnen sicher gut, sich ein Mal ganz mit sich selbst zu beschäftigen! Lernen Sie sich neu kennen und lieben!

Selbstfindung & Selbstverwirklichung

…"Das Große ist nicht, dies oder das zu sein, sondern MAN SELBST zu sein". *(Kierkegaard)*

Die Big-Five der Persönlichkeit

Sicher haben Sie schon mal von den BIG FIVE gehört! Doch was ist das eigentlich?

Das Big-Five Modell beschreibt die Persönlichkeit eines Menschen mit fünf Eigenschaftswörtern, nämlich Offenheit, Gewissenhaftigkeit, Extraversion, Verträglichkeit und Neurotizismus.

Dieses Modell ist wissenschaftlich anerkannt. Bei jedem Menschen liegen unterschiedliche Ausprägungen dieser vor und im Gesamten ergeben sie den individuellen Charakter eines jeden. Abgekürzt ergeben die fünf Faktoren in englischer Sprache „Ocean“. So kann man sie sich wunderbar leicht merken! Nun werde ich Ihnen anhand Asendorpfs Ausführungen genauer erklären, was mit diesen fünf Eigenschaften gemeint ist.

Offenheit

Offenheit beschreibt die Eigenschaft an Personen, die aus ihnen offene Typen macht, die gern neue Erfahrungen sammeln, wissbegierig sind und als kreativ angesehen werden. Oft sind diese Personen intelligent, haben eine gute Bildung vorzuweisen und interessieren sich für die Kunst

Gewissenhaftigkeit

Gewissenhafte Personen sind sehr ordentlich und legen großen Wert auf Details und Genauigkeit. Sie sind sehr verlässlich. Man kann sie nicht so leicht abhalten von dem, was sie tun, denn sie sind ausgesprochen sicher darin.

Extraversion

Extraversion beschreibt die Eigenschaft der Aktivität und Hemmungslosigkeit. Solche Personen nehmen gern Kontakt zu anderen auf und sind sehr gesellig.

Verträglichkeit

Mit Verträglichkeit ist Freundlichkeit und Hilfsbereitschaft gemeint. Solche Personen verhalten sich liebevoll gegenüber anderen und helfen gern.

Neurotizismus

Neurotizismus zeigt sich darin, dass diese Personen ängstlich und innerlich unruhig sind. Außerdem sind sie sehr launisch im Vergleich zu anderen.

Ausprägung der Big-Five-Faktoren der Persönlichkeit

An sich sind die fünf Faktoren der Persönlichkeit weder gut noch schlecht, richtig noch falsch. Allerdings können laut Asendorpf zu extreme oder zu schwache Neigungen dieser zu Problemen führen.

Das bedeutet, dass ein Mensch bei dem ein Faktor – egal welcher der fünf – sehr stark ausgeprägt ist, in entsprechenden Situationen leicht in Schwierigkeiten gerät oder einen Nachteil daraus zieht.

Kleine Übung der Selbstfindung und -analyse

Überlegen Sie einmal, wie stark ausgeprägt die fünf Faktoren bei Ihnen sind!

Fragen Sie unbedingt auch Freunde und Familie, welche der fünf Faktoren bei Ihnen laut deren Meinung am stärksten ausgeprägt sind! Oft können einen Nahestehende dahingehend besser bewerten als man es selbst kann.

Offenheit________________________________

Gewissenhaftigkeit_________________________

Extraversion______________________________

Verträglichkeit:___________________________

Neurotizismus____________________________

Übrigens wird das Big-Five-Modell sogar von Personalern verwendet. Mit der Hilfe des Modells wird ein Profil erstellt von dem idealen Mitarbeiter für eine bestimmte Stelle. Selbstverständlich fällt dieses Profil von Beruf zu Beruf unterschiedlich aus, denn je nachdem wie die Anforderungen sind, wären bestimmte Eigenschaften von Vorteil oder eben nicht.

Asendorpf weist darauf hin, dass das Modell zudem bei der Auswahl an geeigneten Bewerbern helfen kann. Heutzutage ist es nicht unüblich, dass Führungskräfte sich während dem Bewerbungsgespräch Notizen machen und die Auswertung der Persönlichkeit in die Auswahl mit einfließt.

Zum Ende hin möchte ich Ihnen noch ein kleines Beispiel geben, um Ihnen die theoretische Psychologie verständlicher zu machen. „Der Faktor Verträglichkeit ist doch ganz nett! Wie kann der ein Nachteil sein? Es ist doch durch und durch als positiv zu sehen, wenn eine Person besonders verträglich und damit freundlich ist." – Das mögen Sie sich wohl denken… So. Jetzt habe ich ein einfaches, aber gutes Beispiel für Sie, um Ihnen zu zeigen, dass es tatsächlich auch ein Nachteil sein kann. Nehmen wir uns mal den Chef vor… Stellen Sie sich vor, dieser ist ausgesprochen verträglich und damit nur wenig durchsetzungsfähig. Der Faktor Verträglichkeit ist also bei ihm extrem ausgeprägt. Das kann ganz schnell nach hinten losgehen, nämlich insofern, dass ihm all seine Mitarbeiter auf der Nase herum tanzen und ihn letztendlich keiner mehr ernst nimmt. Bis er seinen Posten verliert, da die Mitarbeiter unter seiner Führung nicht die Leistung bringen, die sie sollen. Sehen Sie?

Genauso negativ aber verhält es sich auch andersherum: ein Chef, der zu wenig verträglich ist, könnte zu arg bei den Mitarbeitern anecken. Wer lässt schon auf eine unmögliche und extrem unfreundliche Weise mit sich umgehen? So könnte also auch der Chef, bei dem der Faktor Verträglichkeit zu schwach ausfällt, seinen Posten verlieren. Da die Mitarbeiter ihn einfach nicht mehr als Vorgesetzten haben möchten und somit streiken.

Asendorpf erklärt, dass Personen, bei denen der Neurotizismus stark ausgeprägt ist, sehr ängstlich sind. Dies kann sie in ihrer Freizeit oder z. B. beim Sport behindern, aufregende Dinge auszuprobieren. Oft ist bei Extremsportlern der Neurotizismus sehr schwach ausgeprägt, weshalb sie bereit sind, waghalsige Dinge zu unternehmen. Laut Asendorpf gehen solche Personen schnell mal ein großes Risiko ein.

Ein Vorteil von Menschen mit starkem Neurotizismus ist, dass sie sich selbst und andere keinen Gefahren aussetzen. Ein Nachteil ist, dass sie aufgrund ihrer Ängste unsicher wirken und deshalb oft nicht ernst genommen werden.

Ich bin mir sicher anhand meiner Erläuterungen fällt es Ihnen nun viel leichter, sich selbst zu analysieren auf die Big Five. Viel Spaß wünsche ich Ihnen dabei! Machen Sie sich unbedingt Notizen über Ihre neuen Erkenntnisse.

Nur wer weiß, wer er selbst ist, kann sich gezielt verändern!

Selbstverwirklichung

Wenn Sie sich selbst erst einmal gefunden haben, dann möchten Sie sich auch verwirklichen. Das ist doch klar. Sich selbst zu verwirklichen sieht für jeden ein wenig anders aus. Grundsätzlich ist damit gemeint, dass Sie Ihrer Persönlichkeit Ausdruck geben in dem, was Sie tun. Egal ob im beruflichen oder privaten Kontext.

Sie sollen so leben können, wie Sie es wollen.

Berufung statt Beruf.

Im Jetzt leben statt Alltagstrott und Zukunftsangst.

Es geht nicht darum, zu 100 Prozent so zu leben wie man gerne möchte. Das kann keiner, denn das Leben nimmt sich seinen eigenen Weg. Aber Sie können eine ganze Menge dazu beitragen, Ihr Leben so zu gestalten, dass Sie von Selbstverwirklichung, Glück und Zufriedenheit sprechen können.

Deshalb gebe ich Ihnen nun ein paar praktische Übungen mit, mit denen Ihnen die Selbstverwirklichung leichter fallen wird.

Was sind Ihre größten Leidenschaften?

Was ist Ihr persönlicher Sinn im Leben, was macht Ihr Leben so lebenswert?

Wie sähe für Sie der perfekte Alltag aus? Beschreiben Sie ihn genau, seinen Ablauf von früh bis spät, wo Sie sich befinden, was Sie machen, welche Personen um Sie sind!

Was trennt Sie bisher noch von Ihrem perfekten Alltag?

Was könnten Sie ändern (und wie), damit dieser perfekte Alltag möglich wäre?

Wie genau sähe es aus, wenn Sie sich selbst bereits verwirklicht hätten?

Die beste Version Ihrer selbst

Was ist eigentlich die beste Version Ihrer selbst? Die Antwort auf diese Frage bleibt ganz allein Ihnen überlassen. Ich kann Ihnen lediglich sagen, was die beste Version nicht ist:

Sie hat nichts mit Ihrem Äußeren zu tun,

mit Ihrer besten Kleidung,

Ihrer schönsten Frisur

oder Ihrem teuersten Auto…

Die beste Version Ihrer selbst spiegelt sich in folgenden Dingen:

in Ihrer Selbstliebe,

in Ihren Worten und vor allem Taten,

in Ihrer Ehrlichkeit sich selbst und anderen gegenüber,

in Ihrer Zufriedenheit und der Selbstakzeptanz

in Ihrem eisernen Willen, das zu tun wofür Sie brennen

…letztendlich spiegelt Sie sich darin, dass Sie am Ende Ihres Lebens sagen können, „ich habe alles gegeben… zwar habe ich Fehler gemacht, aber die gehörten dazu. Ich habe nichts im Leben verpasst und war immer voll dabei!"

Beantworten Sie sich nun folgende Fragen, um für sich herauszufinden, was die beste Version von Ihnen ist. Bitte seien Sie ehrlich und nehmen sich ausreichend Zeit für die Beantwortung. Denken Sie auch daran, dass der Prozess, sich zur besten Version zu verwandeln, sehr lange dauern kann – um ehrlich zu sein hört dieser niemals auf! Entscheidend ist, dass Sie diesen Weg gehen und nicht, dass Sie das Ziel erreichen. Haben Sie also einfach Spaß daran, sich Ziele zu suchen, sich selbst zu verändern und immer Alles zu geben!

Was trennt mich momentan von der besten Version meiner selbst? (Istzustand)

Wie sieht die beste Version von mir aus? (Sollzustand)

Und wie kann ich zur besten Version meiner selbst werden?

Wie Sie Ziele erreichen

Schreiben Sie all Ihre Träume auf eine Liste. Notieren Sie sich alles, was Ihnen einfällt, bitte völlig ohne dabei Ihre Träume zu bewerten oder auf Umsetzbarkeit zu prüfen.

Fallen Ihnen spontan (vergessene) Träume ein?

Wählen Sie danach die Träume aus, die realisierbar sind. Überlegen Sie nun, welche Träume davon Ihnen wichtig sind und vor allem, welche Sie bereit sind umzusetzen. Diese schreiben Sie sich heraus um Sie im nächsten Schritt in Ziele zu verwandeln.

Ziel-Definition: verwandeln Sie Ihren Traum in ein echtes, klares Ziel

Nun verwandeln Sie Ihren Traum in ein klar definiertes Ziel. Schreiben Sie dazu genau auf, wie der gewünschte Zustand aussieht.

Beispiel: Wenn es Ihr Traum ist, fit zu sein, erläutern Sie nun genau, was Sie unter Fitness verstehen, in welchen Bereichen Sie fit werden möchten usw. Vielleicht haben Sie bereits eine klare Vorstellung z. B. darüber, dass Sie es schaffen möchten, 10km in einer Dreiviertel-Stunde zu laufen. Desto genauer Sie definieren, umso besser!

Genaue Beschreibung des ersehnten Zustands:

Ziele planen, umsetzen und kontrollieren

Hierfür beantworten Sie sich folgende Fragen:

- Wie genau können Sie Ihre Ziele erreichen?

- Welche Methoden können Sie anwenden um Ihre Ziele zu erreichen?

- Zu welchem Zeitpunkt bzw. wie oft müssen Sie sich dieser Methoden bedienen, um Ihr Ziel zu erreichen?

- In welche kleinen Zwischenziele lässt sich Ihr Hauptziel unterteilen?

Schreiben Sie möglichst viele kleine Ziele auf und definieren Sie genau wie der erwünschte Zustand des Zwischenziels auszusehen hat.

Außerdem bestimmen Sie bitte das Datum, zu welchem das Zwischenziel erreicht sein sollte. Dabei gilt es gut mit der Zeit zu planen, sodass es machbar für Sie ist und bleibt, alle kleinen und letztlich Ihr großes Ziel zu erreichen.

Zwischenziel 1

Datum:

Zwischenziel 2

Datum:

Zwischenziel 3

Datum:

Zwischenziel 4

Datum:

Zwischenziel 5

Datum:

Zwischenziel 6

Datum:

Zwischenziel 7

Datum:

Auch für Ihr **End-Ziel** legen Sie natürlich eine **Deadline** fest:

Um kontrollieren zu können, ob Sie Ihr Ziel überhaupt erreicht haben, sind bestimmte Messwerte nötig.

Beim Abnehmen sind es z. B. Kilogramm, bei der Fitness könnte es ein Leistungs-/Fitness-Test sein oder das Laufen mit einer bestimmten Geschwindigkeit in einer vorgegebenen Zeit. Suchen Sie sich geeignete Messwerte heraus, mit denen Sie später Ihre Zielerreichung kontrollieren können.

Geeignete Messwerte für die Kontrolle

Hilfe zur Zielerreichung

- Beschäftigen Sie sich jeden Tag mit Ihrem Ziel.

- Visualisieren Sie Ihr Ziel jeden Abend vor dem zu Bett Gehen. Stellen Sie sich genau vor, wie schön es wäre, wenn Sie Ihr Ziel schon erreicht hätten! Malen Sie sich diese Situation bildlich aus und genießen Sie es.

- Fertigen Sie ein Bild an, auf dem Sie Ihr Ziel darstellen. Das könnte ein altes Foto von Ihnen sein, auf dem Sie Ihre Wunschfigur hatten, aber auch ein Wagen von dem Sie schon sehr lange träumen…

- Diese Bilder kopieren Sie und hängen Sie überall auf, wo Sie sie sehen bzw. stecken sich eines in den Geldbeutel. So verlieren Sie Ihr Ziel NIE aus den Augen!

- Sprechen Sie über Ihr Ziel! Indem Sie es bekannt machen, sind Sie gezwungen, es auch zu erreichen, denn sonst wäre es ja peinlich, da bereits jeder von Ihrem Vorhaben weiß… Das kann einen positiven Druck auf Sie ausüben.

- Außerdem werden Sie mit großer Wahrscheinlichkeit öfter von Freunden, Bekannten und Kollegen auf Ihr Zielvorhaben angesprochen, was Sie zusätzlich motivieren wird.

Positive Psychologie

Alle reden von Positiver Psychologie!

Bevor ich Ihnen erkläre, was es damit Feines auf sich hat und warum es für Sie relevant ist, möchte ich noch erwähnen, dass die Gründer der sogenannten „Positiven Psychologie" Seligman und Csikszentmihalyi sind.

Was „Positive Psychologie" ist: Die Positive Psychologie meint die wissenschaftliche Auseinandersetzung mit der menschlichen Fähigkeit zu funktionieren. Diese bezweckt, Vorteile und positive Eigenschaften von Menschen bzw. das, worin sie besonders gut sind, hervor zu heben und sie darin zu bestärken.

Das soll bewirken, dass einzelne Personen bzw. die Allgemeinheit wachsen und angenehmer leben können (vgl. Myers, 2014, S. 12).

Bereiche der Positiven Psychologie, in denen geforscht wird, sind z. B. das Wohlbefinden, die positive Gesundheit und Neurowissenschaften.

Die Positive Psychologie arbeitet an positiven Emotionen, Charakteren und Gruppen (vgl. ebd., S.584).

Wie „Positive Psychologie" dem Menschen nutzt: Verallgemeinert lässt sich sagen, dass sich die Positive Psychologie nicht auf Schwächen und Fehler der Menschen richtet sondern auf seine positiven Eigenschaften, um diese noch zu verstärken. Darum heißt sie wohl auch POSITIVE Psychologie. Ganz in diesem Sinne sollten auch Sie sich auf Ihre Stärken konzentrieren um ein glücklicheres, erfolgreicheres Leben zu haben und sich lieben zu lernen.

Natürlich werden bei der Positiven Psychologie auch Schwächen analysiert, denn diese ganz außer Acht zu lassen oder abzustreiten, hätte keinen Sinn. Aber Sie werden als Herausforderung zur Veränderung gesehen und nicht als Problematik, nicht als Hindernisse. Das ist der Grund, warum ich Ihnen die Positive Psychologie überhaupt vorstelle. Sie sollen ihr Prinzip auch für sich anwenden! Denn so werden Sie schnell Fortschritte machen und sich automatisch auch ein Stückchen in die Richtung des Positiven Denkens bewegen.

Übung zur Positiven Psychologie:

Meine Stärken sind:

An meiner Person mag ich besonders:

Positive Affirmationen

Positive Affirmationen sind positive Glaubenssätze, die, wenn man sie wiederholt, fest vom eigenen Ich verankert werden.

Suchen Sie sich also Ihre Lieblingssätze heraus aus und wiederholen Sie diese Tag für Tag. Sagen Sie sie morgens und abends je 20 Mal laut vor. Während Sie sprechen, sollten Sie wirklich glauben, was Sie sagen und sich vor allem vorstellen, dass es bereits so ist. Gern dürfen Sie sich auch selbst eine positive Affirmation ausdenken. Es können natürlich auch mehrere Sätze sein, die Sie wiederholen.

- *Ich akzeptiere mich so wie ich bin mit all meinen Fehlern.*
- *Ich bin von Herzen dankbar für den Tag heute und mache das Beste daraus.*
- *Ich freue mich über die Gesundheit, die mir geschenkt wurde.*
- *Ich danke mir für alles, was ich Tag für Tag leiste.*
- *Ich danke meinem Körper für alles, was er Tag für Tag leistet.*
- *Ich achte heute auf meine Gedanken und lasse nur positive zu.*
- *Ich liebe es mich zu bewegen.*
- *Ich esse heute ganz bewusst und kaue langsam.*
- *Ich bin zutiefst dankbar für all das Essen, was ich habe.*
- *Ich ziehe positive Menschen an, die mich respektieren und lieben.*
- *Ich entscheide mich für ein tolles und glückliches Leben.*
- *Ich erreiche meine Ziele ganz einfach.*
- *Ich atme ganz tief und langsam und bewusst ein und aus.*

- *Ich bin heute den ganzen Tag lang gelassen, egal was passiert.*
- *Ich bin ein glücklicher Mensch.*
- *Ich bin gut so wie ich bin.*
- *Ich bin offen gegenüber Neuem und anderen Menschen.*
- *Ich akzeptiere alle Menschen so wie sie sind.*
- *Ich bin wertvoll und habe ein großes, starkes Herz.*
- *Ich bin bereit, meine Liebe anderen zu geben und von ihnen Liebe anzunehmen.*
- *Ich zeige allen Menschen um mich herum meine Liebe und Respekt.*
- *Ich genieße mein Leben und konzentriere mich auf das Positive darin.*

Wie Sie glücklicher werden

Wie Ihr persönliches Glück aussieht, bestimmen allein Sie selbst. Ich rate Ihnen, die kleinen Dinge im Leben, also das kleine Glück mehr zu schätzen, denn so wird man am schnellsten und einfachsten ein glücklicherer Mensch. Für mehr Glück gibt es zum Beispiel die Möglichkeit, ein Glücks-Tagebuch zu führen. In diesem trage ich nicht nur ein, was ich Tolles erlebt habe und was meine Glücksmomente waren, sondern schaffe mir auch welche! Wenn Sie kein extra Tagebuch dazu führen möchten, tragen Sie sich Ihre Glücksmomente einfach in Ihren Kalender ein.

Glücksmomente schaffen

Planen Sie Ihr Glück wöchentlich im Voraus ein. Dazu bestimmen Sie pro Woche mindestens einen Tag, an dem Sie Zeit haben und sich etwas Gutes tun. Das kann Shopping sein oder ein Kinobesuch. Das könnte auch so aussehen, dass Sie jemand anderem, den Sie lieben, einen schönen Moment bescheren.

Manchmal lasse ich mir auch ein paar Glücks-Events von Freunden planen. Das kann für lustige Überraschungen sorgen. So einen Plan könnten Sie sich auch gegenseitig schaffen. Denken Sie nur dabei, dass die Dinge leicht umsetzbar und im Bereich des Möglichen liegen sollten. Eine Reise zum Mond klingt zwar gut, wäre aber doch zu kostspielig und unrealistisch. Kleinigkeiten, auch kleine lustige Aufgaben wie zum Beispiel einen Blumenstrauß zu pflücken und seine Liebsten damit zu überraschen oder sich zu verkleiden, bereichern das Leben oft viel mehr als große Dinge. Man muss das kleine Glück nur zulassen, dankbarer und demütiger werden und schon ist man ein glücklicherer Mensch! Stellen Sie sich vor wie schön es sein wird, dass freudige Gesicht Ihres Partners, eines Familienmitglieds oder Freundes zu sehen, den Sie mit einem Glücksmoment beauftragt haben. Wenn Sie mögen, schaffen Sie nicht nur sich selbst sondern auch einem Ihrer Lieblingsmenschen wöchentlich solche Momente. Diese Woche könnten Sie Ihrem Partner eine Kinokarte schenken und nächste Woche dem besten Freund einen Gutschein für einen Kaffee, übernächste Woche Ihrem Kind oder dem Kind eines guten Freundes eine witzige Schatzsuche vorbereiten.

Lieblingsmusik hören

Drehen Sie bei Ihrer nächsten Autofahrt mal so richtig Ihre Lieblingsmusik auf und… singen Sie laut mit! Sie werden schnell merken, wie gut das Ihrer Laune tut. Noch lustiger ist es zu zweit. Ich habe bewusst einfache, kleine Dinge gewählt für Sie, damit Sie sie wirklich ohne Weiteres und sofort in die Tat umsetzen können. Lassen Sie bei der Wahl der Glücksmomente Ihrer Fantasie freien Lauf… Bestimmt fällt Ihnen noch eine Menge ein.

Angst und Selbstzweifel loswerden

Die Themen Angst und Selbstzweifel betreffen sehr viele Menschen heutzutage. Oft stellen diese beiden Punkte große Hindernisse dar um man ist sich ständig selbst im Weg. Jedoch gehört die Angst zum Leben dazu. Jeder zweifelt mal an sich selbst oder empfindet Angst. Sobald Angst und Selbstzweifel allerdings Ihr Leben bestimmen, sollten Sie aktiv dagegen angehen.

„Schaffe ich das überhaupt? Ich habe schon so viel falsch gemacht…

Bin ich gut genug dafür? Die anderen sind doch viel besser als ich, ich bin nichts wert…

Was mache ich, wenn es total schief geht? Ich bin ja doch ein Versager…

Also lasse ich es lieber gleich.“

Was kann man gegen solche Gedanken und Glaubenssätze machen?

Schreiben Sie ein Tagebuch über Ihren persönlichen Erfolg.

Sagen Sie täglich positive Affirmationen gegen Angst und Selbstzweifel auf und wenn Sie gläubig sind, beten Sie.

Kreieren Sie Ihre persönlichen Glaubenssätze gegen Ihre individuellen Ängste & Zweifel:

Nehmen Sie sich wenn möglich weniger vor. Vielleicht sind Sie einfach nur überfordert und dann ist es klar, dass man es mit der Angst zu tun bekommt oder seinen Ansprüchen nicht mehr genügt.

Was sind meine Ängste und häufigsten Selbstzweifel?

Analysieren Sie zunächst indem Sie die Fragen beantworten, dann akzeptieren Sie die Ergebnisse und schicken all Ihre Ängste und Zweifel gedanklich fort!

Wenn Sie meine Tipps umsetzen, werden Sie schnell erste Erfolge erleben. Denken Sie an die Regelmäßigkeit der Übungen.

Sollten Ihre Ängste dennoch nicht nachlassen, empfehle ich Ihnen einen Arzt aufzusuchen. Niemand braucht sich dafür zu schämen! Immer mehr Menschen leiden unter Ängsten und Zwängen, was zu einem großen Teil an unserer Gesellschaft liegt. Immer mehr Druck, immer weniger Ruhe und utopische Ideale des „perfekten Menschen". Leistung, Leistung und noch mehr Leistung! Es ist völlig natürlich, wenn Menschen psychisch und körperlich darauf reagieren. Schämen Sie sich nicht für Angst sondern nehmen Sie Ihren Mut zusammen und bekämpfen Sie. Lassen Sie sich nicht mal mehr von den kleinen Zweifeln ärgern! Ich glaube an Sie und weiß, dass Sie mutig sind.

Spotlight-Effekt

Ich möchte Ihnen zum Schluss noch von einem wissenschaftlichen Ergebnis der Psychologie erzählen, welches Ihnen mit Sicherheit etwas Angst nehmen wird…

Kennen Sie das? Ihnen ist etwas Peinliches passiert oder Sie haben komplett versagt und das nagt nun an Ihrem Selbstbewusstsein? Ohje… scheinbar durfte die ganze Welt Ihr persönliches Versagen miterleben. Jeder hat es gesehen, alle haben genauestens notiert wie schlecht Sie darin waren… In jeder peinlichen oder unangenehmen Situation scheint es einem, als würde ein Scheinwerfer direkt auf einen selbst gerichtet.

STOP! FALSCH GEDACHT!!! Ich habe nun die beruhigende Erkenntnis der Wissenschaft für Sie, genannt Spotlight-Effekt, mit der alles nur noch halb so schlimm ist! Dadurch werden in Zukunft Versagen und Fehler nicht mehr so arg an Ihrem Selbstbewusstsein kratzen. Und Sie brauchen auch nicht mehr im Erdboden versinken, falls Ihnen mal etwas misslingt.

Was ist der Spotlight-Effekt?

Menschen überschätzen grundsätzlich das Bewerten ihrer selbst durch andere, sowohl im positiven als auch im negativen Sinne. Das bedeutet, wenn einem ein Fehler passiert, nehmen das die Menschen um einen herum bei Weitem nicht so stark wahr, wie man es selbst tut oder wie man glaubt, dass es die anderen wahrnehmen. Der Spotlight-Effekt beschreibt also den Effekt, dass es Menschen vorkäme, sie stünden auf der Bühne und der Scheinwerfer wäre genau auf sie gerichtet.

Dem ist aber nicht so. Das Äußere, Erfolge und Fehler fallen anderen bei Weitem nicht so auf wie man selbst denkt (vgl. Myers, 2014, S. 587). Also, egal ob Ihnen etwas Komisches in der Öffentlichkeit passiert ist oder andere miterlebt haben, wie Sie einen großen Fehler begangen haben – don´t worry!

Andere Menschen bekommen von Ihrem „Fehler" im Großen und Ganzen nämlich gar nicht so viel mit wie es Ihnen vorkommt! Das lindert die Angst etwas, sich blamieren und in der Öffentlichkeit Fehler begehen zu können.

Innere Kraft & inneres Kind befreien

Kinder tun sich so leicht dabei glücklich zu sein. Das liegt zum Beispiel daran, dass sie im Jetzt leben. Außerdem kennen sie noch nicht alle Gefahren und Nachteile im Leben und haben auch weniger Vorurteile anderen gegenüber.

Für sie ist alles so einfach und sie sind wahre Meister darin, sich am kleinen Glück zu erfreuen. In jedem von uns steckt noch das Kind, das wir damals waren. Man muss es nur wieder entdecken und heraus lassen!

Warum Sie das tun sollten? Damit Sie mehr Spaß im Leben haben und mehr Kraft!

Tipps um Ihre innere Kraft und Ihr inneres Kind zu befreien

Lernen Sie Stille

Heutzutage ist alles laut und schnell, man hat den Bezug zu sich selbst verloren. Wie ist es allein zu sein… und wie ist es, völlig mit sich allein zu sein UND nichts um sich zu haben, keine Musik, kein Handy, kein Garnichts… Ich gebe zu, das ist nicht leicht umzusetzen. Dafür empfiehlt sich vielleicht ein Ausflug in die Berge. Oder ein Aufenthalt im Wald. Aber es wird Ihnen unheimlich gut tun. So lernen Sie sich selbst kennen, spüren sich selbst ohne Einwirkungen von außen.

Vielleicht ist das anfangs schwierig, weil Sie es nicht gewöhnt sind oder noch nicht im Reinen mit sich sind. Aber mit der Zeit werden Sie es lieben! Daraus werden Sie stärker und schöpfen neue Kraft. Sie haut dann nichts mehr so leicht um, denn Sie wissen, wer Sie sind.

Positive Entwicklung

Sie nehmen sich derzeit vor an sich zu arbeiten und Ihre Person zu stärken.

Warum beginnen Sie nicht damit, den Verlauf Ihrer Entwicklung zu dokumentieren?

Das spornt Sie nicht nur an sondern schenkt Ihnen auch Energie, wenn Sie hinterher sehen, wo Sie einmal waren und wie weit Sie gekommen sind.

Kraft schöpfen Sie auch aus der Zeit, in der Sie sich nur mit sich selbst beschäftigen.

Malen Sie sich frei

Eine nette Übung, wie ich finde, ist es sein inneres Kind malen zu lassen. So kommt es hervor aus seinem Versteck mit all seinen Gefühlen. Wenn Sie nicht gerne malen oder zeichnen, dürfen Sie stattdessen ein Poster anfertigen. Schneiden Sie einfach Bilder aus und fügen sie zusammen. Die Malaufgabe besteht konkret darin, aufzuzeichnen, was Sie als Kind glücklich macht. In der Mitte des Bildes zeichnen Sie sich selbst als Kind. Drumherum kommt alles hin, was Ihnen bzw. Ihrem „Kind" gute Laune verschafft. Umgekehrt ist dies auch möglich, Sie dürfen auch alles aufzeichnen, was Sie bedrückt. Das hilft Ihnen, Dinge aus Ihrer Vergangenheit zu verarbeiten.

Sie können das auch gut für den „Erwachsenen" anwenden, d. h. Sie müssen nicht malen, was Ihr inneres Kind bedrückt sondern dürfen gerne das, was Sie im Jetzt unglücklich macht, aufmalen.

Stellen Sie sich eine Frage

Um mit Ihrem inneren Kind in Verbindung zu treten, habe ich noch eine gute Frage für Sie. Diese Frage zu beantworten ist gar nicht so einfach wie Sie vielleicht anfangs meinen. Es kann (und wird) sehr viel über Sie offenbaren.

Frage: Was würden Sie als Kind HEUTE zu sich als Erwachsenen sagen?
Wie fände es Sie also sich selbst als Erwachsenen denn so?

____
____
____
____

Wofür würde Sie das Kind loben, wofür kritisieren? Was für einen Rat würde das Kind dem Erwachsenen geben?

Bonus I: Tina Turner – die Frau, die sich selbst zu lieben lernte

Kaum zu glauben, dass eine Frau, die von allen gefeiert wird, sich selbst nicht lieben konnte oder? Eine Frau, die alles Menschenmögliche erreicht hat, die zum Superstar wurde, in deren Karriere es steil bergauf ging und die von jedermann um ihre Power und Stimme begehrt wird.

Doch der Schein trügt. Tina Turners Beispiel bestätigt, dass die Außenwelt einem nicht das geben kann, was man braucht: Liebe. Liebe muss zuerst von innen kommen in Form von Selbstliebe. Erst dann zieht man die Liebe in Form von guten Freunden oder einem Partner/einer Partnerin, der/die einen liebt, in sein Leben an.

Tina Turner berichtete öffentlich von ihren Strapazen, der Gewalt in ihrer Ehe und ihrem Weg zu mehr Selbstliebe. Bereits im Elternhaus erfuhr sie kaum Liebe, stand später unter einem enormen Erfolgsdruck und hatte einen Partner, der sie schlug.

Trotz ihres enormen Erfolges liebte sie sich eine große Zeitspanne ihres Lebens nicht. Daran erkennen Sie, dass nichts ist wie es scheint: auf der Bühne bzw. nach außen spielen die Menschen den/die Selbstbewusste/n und in Wirklichkeit hadern sie mit sich selbst.

Tina Turner musste es erst lernen, sich zu lieben und deshalb ist sie ein wunderbares Beispiel für Sie. Frau Turner ist eine tolle Person, ehrlich, mit Charakter und hat mittlerweile ein gutes Selbstbewusstsein. Denn sie traut sich vor aller Öffentlichkeit zuzugeben, dass sie sich selbst nicht liebte. Beispielhaft steht Tina Turner für eine Frau, die falsche Männer anzog. Wenn man sich selbst nicht liebt, bekommt man keinen Partner, der einen liebt (jedenfalls nicht für lange Zeit). Ihr Mann unterdrückte sie und verwaltete alleine die Finanzen. Zu dem Geld, das sie selbst verdiente und das war ein ganzer Haufen… hatte sie keinen Zugriff. So wurde sie klein und gefangen gehalten. Dann entschied sie sich auszubrechen und sich selbst auch nicht mehr klein zu machen! Gott sei Dank gelang es ihr. Sie sehen, es ist jedem möglich aus dem Teufelskreis auszubrechen und sich aktiv für Selbstliebe zu entscheiden! Dabei spielt es keine Rolle, ob man aus einer gewaltsamen oder einfach nur einer unglücklichen Ehe ausbrechen möchte. Tina Turners Beispiel ist natürlich etwas extrem gewählt. Machen Sie sich von allen Ketten los, egal ob große oder kleine!

Denn sie sind alle schwer genug zu tragen…

Wenn Sie sich mehr für Tina Turners Leben interessieren, empfehle ich Ihnen ihre Biografie zu lesen. Warum entscheiden sich so viele Menschen dafür, negative Beziehungen weiter zu führen? Ganz einfach weil es ein altes Muster ist, das man nicht ohne Weiteres einfach so ablegt. Wenn die Beziehung zu einem selbst schlecht ist, ist sie es auch mit anderen Personen.

Übung zur Selbstliebe: Notieren Sie, was Sie an sich lieben

Notieren Sie alles, was Sie daran hindert sich zu ganzen 100% zu lieben

Bonus II: Ausstrahlung & Charisma

Kennen Sie das: Manche Personen haben eine so umwerfende Ausstrahlung, dass sie, wenn sie einen Raum betreten, ihn komplett für sich einnehmen!?

Manche Menschen sind so charismatisch, dass man einfach nicht widerstehen kann, sie anzusehen, ihnen zuzuhören und sie einfach mögen muss, egal was für einen Quatsch sie erzählen!? Solche Menschen sind gesegnet mit einer ordentlichen Portion positiver Ausstrahlung. Und egal, was diese Personen für einen Beruf ausüben, ob sie gut oder schlecht gekleidet sind, ob sie durch Schönheit herausstechen oder nicht – sie haben alle gemeinsam, dass ihre positive Ausstrahlung von innen her kommt. Denn Charisma kann man nicht vortäuschen. Man hat es oder nicht. Jemand, der sich selbst mag und mit sich im Reinen ist, strahlt automatisch mehr Positivität aus als jemand, der das nicht ist.

DAS ist deren Geheimnis und mehr nicht.

Ich gebe Ihnen nun ein paar Tipps, mit denen Sie kurz- und auch langfristig mehr Ausstrahlung entwickeln werden. Bitte wenden Sie für ein optimales Ergebnis folgende Tipps regelmäßig an.

Distanzieren Sie sich von Problemen

„Von Problemen distanzieren? Nun ja, wenn das so einfach ginge... geht es aber nicht!" -Vielleicht denken Sie sich das gerade. Probleme kann man nicht einfach so wegschieben, sie sind da. Aber: Sie können sie für einen Moment ausblenden. Und das rate ich Ihnen auch dringend, wenn Sie vorhaben, bei einem bestimmten Date besonders charismatisch zu wirken. Nehmen Sie sich bevor Sie losgehen 15 Minuten Zeit, die Sie dafür nutzen, die Probleme wegzudenken. Denn solche zeichnen sich in Ihrem Gesicht, in Ihrem Ausdruck ab. Schließen Sie die Augen und stellen Sie sich vor, die Probleme seien gelöst.

Sie dürfen dies gerne vor Augen durchspielen und am Ende des Kopfkinos freuen Sie sich, dass diese endlich aus der Welt sind! Es mag vielleicht albern klingen, aber es wirkt. Sie werden sofort einen entspannteren Gesichtsausdruck haben und sich leichter fühlen. Denn nichts macht so leer und negativ wie Grübeln oder schlechte Gedanken. Menschen mit Charisma haben natürlich auch ihre Sorgen, aber sie denken nicht ständig daran und sind einfach optimistischer.

Seien Sie offen

Für eine charismatische Ausstrahlung seien Sie nicht nur anderen gegenüber offen sondern auch sich selbst. Arbeiten Sie an Ihrer Selbstliebe und akzeptieren Sie Fehler an sich. Andere Personen sollten Sie übrigens wirklich so hinnehmen wie Sie sind ohne Sie dabei insgeheim doch zu verurteilen. Der Mensch hat leider nun mal seine Muster und steckt andere gern in Schubladen. Bevor Sie über jemanden urteilen, bedenken Sie, dass Sie vielleicht genau so wären wie der andere, den Sie verurteilen, wenn Sie sein Leben gelebt hätten.

Die Kraft der Gedanken

Malen Sie sich etwas ganz Wunderbares aus. Versinken Sie richtig in diesem Traum und stellen sich jedes Detail vor. Sie schließen die Augen, nehmen sich Zeit für sich und erleben dieses Wunderbare dann in Ihrer Fantasie. Sei es der Traumpartner, Lottogewinn oder die Reise auf Ihre Trauminsel – die Kraft der Gedanken ist nicht zu unterschätzen. Es ist fast genauso, als würden Sie es tatsächlich erleben. Und schon werden Sie wie verzaubert sein und das auch ausstrahlen! Sich Dinge bewusst und bildlich vorzustellen nennt man übrigens Visualisierung. Mittels dieser können auch Ziele schneller erreicht werden, wie Sie sicher bereits wissen...

Lächeln Sie

Selbstverständlich gehört das Lächeln zu einer positiven Ausstrahlung dazu. Wenn es Ihnen schwer fällt, von innen heraus zu lächeln, denken Sie an etwas ganz Schönes oder an eine Person, die Sie sehr lieben. Und schon wird es Ihnen leicht fallen zu lächeln!

Helfen Sie anderen

Seien Sie immer freundlich und höflich, ganz wie es sich gehört. Verhalten Sie sich anderen gegenüber zuvorkommend. Personen, die gerne helfen, haben immer eine positive Ausstrahlung (vor allem während sie helfen). Natürlich müssen Sie das dem Zufall überlassen und nur dann helfen, wenn es nötig ist.

Nehmen Sie Ihre Gewinner-Haltung ein

Achten Sie darauf, dass Sie aufrecht aber dennoch locker da stehen. Die Arme sollten Sie, wenn Sie beispielsweise sprechen, über der Gürtellinie halten, da es unbewusst als negativ gewertet wird, wenn sie sich unterhalb befinden. Gestik findet bitte nur auf Höhe der oberen Körperhälfte statt. Schultern zurück, Brust raus, Füße fest im Boden. Das ist immer gut! Noch ein Geheimtipp: Sie erscheinen umso mehr als ein Gewinner, wenn Sie zuvor tatsächlich eine Siegerpose eingenommen haben und diese halten. Suchen Sie sich einen Ort, an dem Sie allein sind (notfalls geht auch die Toilette) und strecken Sie Ihre Arme nach oben, machen Sie einen Gesichtsausdruck wie bei den Olympischen Spielen – stellen Sie sich vor, Sie haben Platz 1 gemacht.

Bitte halten Sie die Siegerpose 1 Minute. Sie werden sich sofort danach besser und tatsächlich wie ein Weltmeister fühlen. Passen Sie nur auf, dass Ihnen die Arme nicht einschlafen.

Ziehen Sie sich gut an

Ziehen Sie sich ein Outfit an, das Ihnen nicht nur gefällt sondern in dem Sie sich auch besonders wohl fühlen. Achten Sie bitte darauf, dass es außerdem angemessen ist. Denn sonst würden Sie eher negativ auffallen. Sie kennen sicher das Sprichwort „Kleider machen Leute“. Es ist tatsächlich so, dass Ihr Outfit viel damit zu tun hat, wie Sie sich fühlen.

Schluss

Es wird höchste Zeit!

Lassen Sie endlich Selbstliebe zu – denn Sie sind es WERT! Finden Sie heraus, wer Sie wirklich sind. Stärken Sie sich und Ihre Persönlichkeit. Und vor allem: akzeptieren Sie sich selbst und stehen Sie zu sich! Denn nur so steht einem glücklicheren und erfolgreicheren Leben nichts mehr im Wege.

„Jeder ist ein Genie!

Aber wenn du einen Fisch danach beurteilst,

ob er auf einen Baum klettern kann,

wird er sein ganzes Leben denken,

er sei dumm." ***(Albert Einstein)***

Entfernen Sie sich von Idealen, die uns die Gesellschaft auferlegt. Jede Person ist einzigartig, jede hat ihren eigenen Charakter. Das Leben formt ihn uns und im besten Fall wachsen wir und unser Charakter mit dem Leben.

Nutzen Sie also die Möglichkeit, dass sich jeder Mensch, egal wie alt, stets verändern und weiterentwickeln kann - zu seinem Vorteil. Selbstliebe kann IN JEDEM ALTER gelernt werden! Stärken Sie Ihr Selbstbewusstsein und lernen Sie, für das kleine Glück im Leben empfänglicher zu werden um so ein überaus glücklicher Mensch zu werden.

Wie eine Blume das Wasser und die Sonne braucht, benötigt ein Mensch Träume und gute Freunde an seiner Seite um zu wachsen! Arbeiten Sie deshalb an positiven Beziehungen und trennen sich von schlechten. Wenn Sie allein Ihre Gedanken bestimmen können, warum dann nicht von nun an positiv denken? Mit meinen vielseitigen Tipps und Übungen haben Sie alles, was Sie benötigen, um sofort damit loszulegen.

Und Sie hätten diesen Ratgeber nicht gelesen, wenn Sie nicht schon längst innerlich beschlossen hätten, es ENDLICH anzugehen und sich selbst lieben zu lernen!

Ihre Liebe zu sich selbst

Schluss sind die Zeiten des Selbstzweifels und Selbsthasses! Haben Sie innerlich die Entscheidung getroffen, sich ab jetzt endlich bedingungslos zu lieben? Oder sind Sie der Meinung, dass Ihnen mehr Selbstliebe zustände? Dann bekräftigen Sie dies nun:

Hiermit bestätige ich,

____

(Name)

...dass ich bereit bin mich selbst ab jetzt bedingungslos lieben zu lernen!

Datum: ________________

Unterschrift: ______________________________

Ihr Vertrag mit sich selbst

Sind Sie fest entschlossen, Ihre Ziele ab jetzt zu erreichen und endlich Selbstliebe zu lernen? Dann gehen Sie eine verbindliche Vereinbarung mit sich selbst ein und unterschreiben Sie sie!

Ganz egal, was Ihnen auf dem Herzen liegt und womit Sie gerade durchstarten wollen, tragen Sie es hier ein. Immer wenn Sie zweifeln oder schwächeln, schlagen Sie dieses Buch auf, lesen nach und sehen sich Ihren Vertrag mit sich selbst an! Das wird Ihnen sicher helfen.

Vertrag von und mit: ______________________________

Über: ____

Datum: ________________

Unterschrift: ______________________________

Details der Vereinbarung:

„Was passiert, wenn ich mich nicht an meinen Vertrag mit mir selbst halte?“

Hier sollten Sie zwecks Selbstmotivation und Disziplin Bedingungen sowie Konsequenzen beschreiben, die zutreffen, falls Sie nicht gewillt sind Ihren Vertrag einzuhalten oder ihn brechen wollen.

Danke

Ich hoffe, Ihnen mit diesem Rundum-Ratgeber viele gute Tipps und nützliche Hinweise gegeben zu haben und bedanke mich aufrichtig für Ihr Interesse und das Lesen. Falls Ihnen mein Buch gefallen hat, freue ich mich sehr auf eine Rezension mit Ihrer persönlichen Meinung dazu.

Ganz viel Erfolg wünsche ich Ihnen für Ihren Weg, sich selbst zu lieben, weiter zu entwickeln und eine stärkere Person zu werden! Glauben Sie an sich, hören Sie nie auf zu kämpfen und haben Sie den Mut zur Veränderung!

Sie sind wunderbar so wie Sie sind!

Warum nicht noch wunderbarer werden?

Ihre Alexandra Muth

Haftungsausschluss

Der Autor übernimmt keinerlei Gewähr für die Aktualität, Korrektheit, Vollständigkeit oder Qualität der bereitgestellten Informationen und weiteren Informationen. Haftungsansprüche gegen den Autor, welche sich auf Schäden materieller oder ideeller Art beziehen, die durch die Nutzung oder Nichtnutzung der dargebotenen Informationen bzw. durch die Nutzung fehlerhafter und unvollständiger Informationen verursacht wurden, sind grundsätzlich ausgeschlossen, sofern seitens des Autors kein nachweislich vorsätzliches oder grob fahrlässiges Verschulden vorliegt. Alle Angaben wurden vom Autor mit größter Sorgfalt und nach bestem Wissen und Gewissen recherchiert oder spiegeln seine eigene Meinung wieder. Der Inhalt des Buches passt möglicherweise nicht zu jedem Leser und die Umsetzung erfolgt ausdrücklich auf eigenes Risiko. Es gibt keine Garantie dafür, dass alles genau so, bei jedem Leser, zu genau den gleichen Ergebnissen führt. Der Autor und/oder Herausgeber kann für etwaige Schäden jedweder Art aus keinem Rechtsgrund eine Haftung übernehmen.

Quellenverzeichnis

Asendorpf, J. B. (2007). Psychologie der Persönlichkeit. 4. Auflage, Heidelberg: Springer.

Bandura, A. (1977). Self-efficacy: Toward a unifying theory of behavioral change. Psychological Review, (84), S. 191-215.

Brandstädter, J.; Lindenberger, U. (2007). Entwicklungspsychologie der Lebensspanne: Ein Lehrbuch. Stuttgart: Kohlhammer.

Myers, D. G. (Hrsg.) (2014). Psychologie. 3., vollständig überarbeitete und erweiterte Auflage; Berlin, Heidelberg: Springer.

Pinquart, M.; Schwarzer, G.; Zimmermann, P. (2011). Entwicklungspsychologie – Kindes- und Jugendalter. Göttingen: Hogrefe.

Schwarzer, R. (2004). Psychologie des Gesundheitsverhaltens: Einführung in die Gesundheitspsychologie. Göttingen: Hogrefe.

Techniker Krankenkasse (Hrsg.) (2009). Kundenkompass Stress – Aktuelle Bevölkerungsbefragung: Ausmaß, Ursachen und Auswirkungen von Stress in Deutschland. Frankfurt am Main: F. A. Z. – Institut für Management-, Markt und Medieninformationen.

Über die Autorin

Die Autorin Alexandra Muth arbeitet in einem mittelständischen Unternehmen und leitet dort seit über 12 Jahren mehrere Teams von insgesamt 50 Personen. Sie beschäftigt sich seit ihrer Ausbildung zur IST Diplom-S. Gesundheitstrainerin mit den Themen „Stressbewältigung, Gesundheit und Psychologie“. Ihre Teams und Kollegen/innen lieben ihr einfühlsames Wesen und ihre taktvolle, elegante Art zu führen.

Das Motto von Frau Muth ist es, anderen stets auf Augenhöhe zu begegnen und sie dort abzuholen, wo sie gerade stehen. „Schaue auf die Welt und betrachte das Leben und die Menschen wie ein Kind“ ist ihre Devise, aufgrund dieser sie im Nu die Sympathie anderer gewinnt. Authentizität, Respekt und Leidenschaft werden in ihrem Wortschatz ganz groß geschrieben.

Aufgrund ihres Fachwissens und Gespürs für andere Menschen engagiert sie sich ehrenamtlich als psychologische Beraterin und verhilft vor allem Paaren dazu, ihre Beziehung zu verbessern und einzelnen Personen sich selbst zu verwirklichen.

Bereits als Kind war sie ein sehr offenes Wesen, das schnell neue Kontakte knüpfte und anderen stets half. Frau Muth unternimmt in ihrer Freizeit am liebsten etwas mit Freunden, kocht für ihre Familie und entspannt beim Yoga.

Durch ihre berufliche Position als Managerin konnte sie sich ein umfangreiches Know-how in den Bereichen Kommunikation und Entwicklungspsychologie aneignen. Als ihre Kinder größer und selbstständiger wurden, entschied sie sich für ein berufsbegleitendes Bachelor-Studium der Angewandten Psychologie und studiert derzeit im 7. Semester.

Sie liebt es, ihr umfangreiches Wissen in ihren Büchern mit viel Herz und Hingabe weiter zu geben und andere dabei zu unterstützen, ihre Ziele mit Leichtigkeit zu erreichen.

Impressum

1. Auflage

Kontakt: Athina Crane, Prof.-Carl-Reiser-Str. 5A, 82467
GAP
Covergestaltung: Lauria Design
Coverfoto: www.depositphotos.com

13110283R00064

Printed in Germany
by Amazon Distribution
GmbH, Leipzig